HAIKU
más é do thoil é!

Gabriel Rosenstock

Brian Fitzgerald a mhaisigh

 AN GÚM

BAILE ÁTHA CLIATH

WITHDRAWN FROM STOCK

Obair ealaíne: Brian Fitzgerald
Dearadh agus leagan amach: Identikit

ISBN 978-1-85791-822-9

PB Print a chlóbhuail in Éirinn

Le fáil ar an bpost uathu seo:

An Siopa Leabhar,   *nó*   An Ceathrú Póilí,
6 Sráid Fhearchair,   Cultúrlann Mac Adam-Ó Fiaich,
Baile Átha Cliath 2.   216 Bóthar na bhFál,
siopa@cnag.ie   Béal Feirste BT12 6AH.
      leabhair@an4poili.com

Orduithe ó leabhardhíoltóirí chuig:

Áis,
31 Sráid na bhFíníní,
Baile Átha Cliath 2.
ais@forasnagaeilge.ie

An Gúm, 24–27 Sráid Fhreidric Thuaidh, Baile Átha Cliath 1

Clár

Dia duit! Is mise Issa. Tá an-eolas go deo agamsa ar conas haiku a scríobh. Nár scríobh mé féin 20,000 haiku i gcaitheamh mo shaoil! Feicfidh tú in imeall an leathanaigh mé anseo is ansiúd. Nuair a fheiceann tú mé beidh a fhios agat go bhfuil rud éigin tábhachtach á rá sa téacs faoin haiku. Bí ag faire amach dom!

Issa agus a chuid Haiku

Lá amháin cad a chonaic Issa, máistir haiku, ach gé fhiáin. Chum sé an haiku seo ar an toirt:

> a ghé fhiáin
> cén tús
> a bhí le d'aistear?

Níl sa haiku ach trí líne. Trí líne, ach tá an-chuid ann, mar sin féin. Nach bhfuil? Ní raibh a fhios ag Issa cathain a chuir an ghé tús lena haistear fada – ná cén áit. Ní raibh tuairim aige cén chríoch a bheadh lena haistear ach an oiread. Ní raibh a fhios ag Issa ach í a bheith ansin, os a chomhair, ag an nóiméad sin. Gé! Gé fhiáin. Bhain sé lán a dhá shúl aisti.

    Sin is haiku ann: do shúile a oscailt agus pé rud atá os do chomhair ag an am – míorúiltí beaga agus móra na beatha – a thabhairt faoi deara. Iad a fheiceáil i gceart, faoi mar a bheifeá ag féachaint orthu den chéad uair. Ligean dóibh iontas a chur ort. An t-iontas sin a bhreacadh síos i dtrí líne – sin agat haiku.

    Stop an ghé fhiáin ar feadh tamaill chun sos a ghlacadh nó chun rud éigin a ithe di féin. Chonaic Issa í. D'fhéach sé uirthi agus láithreach bonn chum sé an haiku mar gheall uirthi:

> a ghé fhiáin
> cén tús
> a bhí le d'aistear?

Ní thosaíonn an haiku le ceannlitir, le A mór. Cén fáth? Mar níl tús ná deireadh le haiku, dáiríre. Caithfidh tusa an rud a bhí ann roimhe sin agus an rud a tharla ina dhiaidh sin a shamhlú.

Cad as ar tháinig tú? Sin í an cheist a chuireann Issa ar an ngé. Simplí go leor, nach bhfuil? Creid é nó ná creid, ní fheiceann mórán daoine na rudaí simplí sin atá díreach os a gcomhair amach; ní fheiceann siad i gceart na rudaí atá os a gcionn in airde, ná na rudaí atá díreach thíos fúthu. Múinfidh an haiku duit conas na rudaí sin a thabhairt faoi deara agus beidh tú buíoch den haiku gur thug sé an bua iontach sin duit – níos mó agus níos mó den saol seo a fheiceáil, is a chloisteáil, is a bholú, is a mhothú!

Tá go leor haiku ag Issa faoin ngé. Cad faoin gceann seo:

> agus í ag imeacht
> déanann an ghé
> cac mór!

Tá a fhios agat an seanfhocal Gaeilge, 'Nuair a chacann gé cacann siad go léir!' Agus sin í an fhírinne.

Lá eile chonaic Issa féileacán:

> croí éadrom
> ag eitilt tríd an saol seo …
> féileacán bánghorm

Nach deas é sin. Bhí gé againn, gé fhiáin, agus anois tá féileacán againn, féileacán bánghorm. Sa leabhar seo, buailfidh tú le hainmhithe agus le héin – agus le feithidí beaga! Tar éis duit na haiku atá sa leabhar seo a léamh agus a athléamh beidh meas agat ar an domhan agus ar gach rud atá beo. Feicfidh tú go bhfuil a áit féin ag gach aon rud i slabhra iontach na beatha. Cuid den slabhra sin is ea tusa chomh maith!

Sa bhliain 1804 a chum Issa an haiku seo:

> á shéideadh ar aghaidh
> á shéideadh ar aghaidh …
> féileacáinín

An-simplí ach an-mhistéireach chomh maith! Níl an féileacán ag eitilt sa haiku seo. Á iompar ag an ngaoth atá sé. Cén áit? Níl a fhios aige. Is mar sin a bhí a lán *haijin* (máistrí haiku) fadó. Ag imeacht leo, ar fán, mar a bheadh scamaill nó féileacáin iontu, féileacáin éadroma á n-iompar ag an ngaoth.

Chum Issa breis is céad haiku faoin bhféileacán. Seo ceann fíordheas:

> ag ól tae i m'aonar –
> tagann féileacán ar cuairt
> gach lá

Ceann amháin eile faoin bhféileacán, mar sin, sula n-eitleoidh sé leis:

> is leatsa é,
> a fhéileacáin, lig do scíth
> ar an muisiriún sin

Bíonn gá againn go léir le sos. Sos is ea haiku. Stopann an t-am. Ligeann an féileacán a scíth ar an muisiriún agus cén fáth nach ligfimisne ár scíth ann ina theannta!

Níl aon aidiacht sa haiku sin. An bhfuil gá le haidiacht? Níl. Is féidir an muisiriún sin a shamhlú. Bí ag faire amach do na haiku sin a bhfuil aidiachtaí iontu agus na haiku nach mbacann le haidiacht ar bith. Níl ach aidiacht amháin sa chéad haiku eile – 'ceobhránach' – agus is leor sin:

> lá ceobhránach
> is iad ag cabaireacht …
> capaill sa ghort

Is ea, is minic a chífeá capaill mar sin agus shamhlófá go raibh comhrá breá ar siúl acu. (Cá bhfios dúinne cén chumarsáid a dhéanann siad lena chéile!)

Ba sa bhliain 1812 a chum Issa an haiku sin. An bhfuil a fhios agat cad a bhí ag tarlú in Éirinn agus in áiteanna eile ar domhan an bhliain sin?

In Eanáir na bliana sin sheas an file Byron i dTeach na dTiarnaí, i Sasana, agus chosain sé na Luddaigh. Dream ba ea na Luddaigh nár chreid i meaisíní nua-aimseartha. Scrios siad na meaisíní! Tugtar Luddach ar dhuine nach dtaitníonn

rudaí nua leis nó ar dhuine nach dtaitníonn an teicneolaíocht leis. Bhí mise i mo Luddach uair amháin. Ní Luddach a thuilleadh mé, ach ní maith liom fós an fón póca. Deirtear go gcuireann sé isteach ar na beacha!

I mí an Mhárta, 1812, scrios crith talún Caracas, príomhchathair Veiniséala. An bhfuil a fhios agat cá bhfuil Veiniséala?

I mí an Mheithimh, thosaigh cogadh idir na Stáit Aontaithe agus an Bhreatain, cogadh a mhair 32 mí ar fad. (Ba cheart dóibh níos mó haiku a léamh. B'fhéidir go n-éireoidís as an gcogaíocht.)

Thart faoin am céanna i mí an Mheithimh, rinne arm na Fraince, faoi cheannas Napóléon, ionradh ar impireacht na Rúise. Mhair an cogadh sé mhí ar fad. Is ag na Rúisigh a bhí an bua ag deireadh an lae, agus tháinig laghdú mór ar chumhacht Napóléon dá bharr sin. Tá píosa breá ceoil ag Tchaikovsky dar teideal *Réamhcheol 1812* a scríobh sé i gcomóradh ar bhua na Rúise sa chogadh sin.

I mí na Nollag, 1812, foilsíodh an chéad imleabhar de scéalta sí na nDeartháireacha Grimm. An bhfuil aon cheann acu léite agat?

Sin agat spléachadh beag ar an mbliain 1812. Déan do chuid taighde féin agus faigh amach cad eile a tharla ar domhan an bhliain sin.

Anois, cár fhágamar Issa? Thiar sa bhliain 1812, é ag féachaint ar chapaill agus iad i gcomhrá ciúin lena chéile. Lá eile bhí Issa amuigh ag siúl, mar ba ghnách leis, agus fan go bhfeicfidh tú cad a chonaic sé:

> imithe fiáin
> ag na clocha sneachta –
> sionnach

An sionnach bocht! Caithfidh nach raibh taithí aige ar chlocha sneachta! Ní raibh a fhios aige ó thalamh an domhain cad a bhí ag titim amach. Clocha sneachta! Cad iad sin? Bhí cloigeann tinn aige, is dócha, ó na clocha sneachta céanna. Bhraith Issa an phian nó an mearbhall a bhraith an sionnach. Mura mbeadh an phian agus an mearbhall braite aige, ní scríobhfadh sé an haiku. Ní hiad na súile amháin a fheiceann an domhan ach an croí chomh maith!

Haiku greannmhar is ea é, nach ea? Ach tá comhbhá ann chomh maith. I bhfocail eile, tá trua ag Issa don sionnach. Chum Issa breis agus 20,000 haiku i gcaitheamh a shaoil. Is mór an méid é sin, nach ea? Is ea, cinnte, agus is haiku iad go leor leor leor acu a bhfuil an tréith sin iontu: comhbhá nó trua. (Is ionann uatha agus iolra an fhocail haiku: an haiku, na haiku.) Tá sé tábhachtach comhbhá a bheith againn le daoine eile agus le gach ní beo. Deirtear sa Ghaeilge mar gheall ar dhuine a bhfuil comhbhá aige le daoine, duine atá fial flaithiúil – tá croí na bó ann, deirtear. Croí mór!

Is é is *kigo* ann ná focal nó focail i haiku a léiríonn cén séasúr lena mbaineann an haiku sin. Cén *kigo* atá sa haiku thall? Clocha sneachta, ar ndóigh. Cad eile! *Kigo* a bhaineann leis an ngeimhreadh is ea na clocha sneachta.

Ní hionann an greann i ngach tír. Seo haiku a chum Issa sa bhliain 1807. Ceapaimse go bhfuil sé greannmhar ach níl a fhios agam ar cheap Issa é sin:

> gaoth an gheimhridh
> an mhuc ag scigireacht
> trína codladh

Cad a chuir an mhuc ag gáire? B'fhéidir gur chuala sí an *hototogiso*! Cuach bheag sa tSeapáin is ea an *hototogiso*. Nach deas an focal é. Abair é:

ho-to-to-gi-so

Cúig shiolla atá ann. Agus an chuach a chónaíonn sna sléibhte, tá ainm deas uirthi sin chomh maith: *kankodori*. Abair é:

kan-ko-do-ri

Ceithre shiolla atá ann. Thaitin an *kankodori* go mór le hIssa. Is minic a chuala sé í agus í ag canadh sna sléibhte bána in aice leis:

> ná himigh,
> ná himigh, a chara
> a chuaichín an tsléibhe

Féach go dtugann sé 'a chara' uirthi. Ó is ea, ba chairde leis iad, dar leis féin: éiníní, ainmhithe agus feithidí, fiú amháin. Agus bhíodh Issa amuigh agus é á dtabhairt faoi deara i gcónaí, is ag caint leo ó cheann ceann na bliana. Ag caint leo? Is ea cinnte, mar bhí sé mór leo. Mheabhródh sé San Proinsias Assisi duit, ar shlí, duine eile a bhí an-mhór leis na hainmhithe agus leis na héin. (Thugadh San Proinsias seanmóir do na héin!)

a chuach!
is fada mé
ag feitheamh leat

Bímis buíoch go bhfuil cantain na n-éan ann agus a gceol féin acu go léir! Nach mbeadh sé go hainnis dá mbeadh an port céanna acu go léir.

tar ar ais amárach
agus an lá dár gcionn
a chuach

Is maith liom an t-athrá sa chéad cheann eile:

canann cuach
domsa, don sliabh,
domsa, don sliabh

Macalla, gan dabht. Molann Issa dúinn éisteacht le gach aon ní beo:

an chuach –
cuileoga agus feithidí,
éist go géar!

Is dócha gur sa samhradh a chum sé na haiku sin faoin bhféileacán. Sa gheimhreadh a tharla an eachtra leis an sionnach. Is san fhómhar a chum sé an chéad cheann eile. Tá a fhios againn é sin mar go luann sé cén séasúr é. Samhlaigh gaoth an fhómhair ag séideadh. Féachann Issa in airde agus cad a fheiceann sé ach préachán:

> gaoth an fhómhair
> an préachán fáin
> á shéideadh soir siar

Tá haiku breá eile aige atá cosúil leis an gceann sin:

> gaoth gheimhridh –
> níl sé in ann teacht ar a nead
> préachán an tráthnóna

An préachán bocht. Caithfidh go raibh an ghaoth sin an-gharbh ar fad. An tSeapáinis atá ar ghaoth gheimhridh ná *kogarashi*. Tá rud éigin dorcha, garbh, fuar ag baint leis mar fhocal, nach bhfuil? Abair é:

ko-ga-rash-i

Ceithre shiolla atá ann. Arís, tá an-trua ag Issa don phréachán sa dá haiku thall, nach bhfuil? Tá an ghaoth chomh láidir sin sa chéad haiku nach bhfuil an préachán in ann eitilt i gceart ach é á chaitheamh timpeall na spéire mar a bheadh píosa páipéir ann. Sa dara haiku, tá an préachán imithe ar strae ar fad! Tá súil agam nach dtarlóidh sé sin duitse. Fan sa bhaile agus ná bí amuigh nuair a bhíonn an *kogarashi* ag séideadh!

Nuair a bhí Issa ina dhéagóir óg chuir a athair go dtí an phríomhchathair ag obair é, toisc go raibh sé trioblóideach sa bhaile – ní raibh sé ag réiteach lena leasmháthair. Edo ab ainm don phríomhchathair ag an am, Tóiceo inniu. Bhí Issa ar nós an phréacháin thall, mar a bheadh éan gan nead.

Mac feirmeora ba ea Issa ach níor thaitin obair na feirme leis. D'fhoghlaim sé ceird an haiku ó fhile áitiúil, duine darbh ainm Shimpo. Is fearr go mór a thaitin saothrú haiku le hIssa ná a bheith ag saothrú sna goirt ríse.

Ba nós le daoine áirithe san am sin an tSeapáin a shiúl agus nótaí a scríobh faoina gcuid taistil. Bhíodh idir phrós agus haiku sna nótaí a scríobhaidís. Tugtar *haibun* ar an gcineál sin scríbhneoireachta ina mbíonn prós agus haiku á mbreacadh ar an leathanach céanna. Thaitin sé leis na daoine sin cuairt a thabhairt ar theampaill agus ar mhainistreacha, nó cuairt a thabhairt ar uaigheanna na bhfilí móra, uaigh an mháistir haiku Basho gar do Loch Biwa, cuir i gcás.

Ba mhinic Issa ar an mbóthar, é ina spailpín fánach ag lorg oibre, nó ag taisteal ó áit go háit ag múineadh haiku do dhaoine eile nó ag bualadh le filí eile. Scríobh sé síos ainmneacha na bhfilí haiku a bhí beo ag an am, 250 ainm ar fad.

Uair amháin theastaigh uaidh bualadh le sagart darbh ainm Sarai ach nuair a bhain sé an áit amach dúradh leis go raibh an sagart céanna marbh le cúig bliana déag. D'iarr sé cead ar an ardsagart fanacht thar oíche sa teampall ach diúltaíodh dó. Bhraith sé in ísle brí agus é ag imeacht arís sa dorchadas:

> dorcha, dorcha –
> seasaim isteach i locháinín
> ar chonair aineoil

Is dócha go raibh beagáinín trua aige dó féin. Agus cé a thógfadh air é? An bhfuil aon rud níos measa ná a bheith amuigh sa dorchadas, i bhfad i bhfad ó bhaile, gan fios do shlí agat, agus an chéad rud eile go seasann tú isteach i lochán uisce!

Thaitin sé leis i gcónaí teacht abhaile go dtí an áit ar tógadh é, cé go raibh saol dian go leor aige ann agus é ag éirí aníos.

> fad a bhíos tamaillín gearr
> as baile –
> bambú breá óg!

An chéad rud a thugann sé faoi deara ná fás nua. Cuireann sé fáilte roimhe. B'in an nós a bhí aige, fáilte a chur roimh gach aon rud – dreancaidí, fiú amháin!

Tabhair faoi deara go bhfuil sos beag tar éis an dara líne. Tugtar *kire-ji* air sin sa tSeapáinis. Gearrann an *kire-ji* an haiku agus tugann sé sos beag machnaimh dúinn. Ní gá *kire-ji* a bheith ann ach is maith ann é, mar sin féin. Abair é:

ki-re-ji

Focal a bhfuil trí shiolla ann is ea é.

Cad a tharla nuair a bhí Issa as baile? Níl a fhios againne. Tugann Issa sos beag bídeach dúinn. Ansin tugann sé an freagra. D'fhás bambú, bambú breá óg, fad a bhí sé as baile.

Féachaimis ar bhambú óg eile anois:

> díreach agus an bambú óg
> á dhíriú féin –
> tintreach

Bhí báisteach throm ann a d'fhág an bambú óg cromtha. Diaidh ar ndiaidh bhí sé á dhíriú féin arís nuair a las an spéir. Tintreach. Comhartha go raibh a thuilleadh báistí ag teacht. Aon rud a bhí ag streachailt leis an saol – ainmhí, éan, planda, duine – bhíodh trua mhór ag Issa dó, arís, is arís, is arís eile.

Seo haiku a chum sé sa bhliain 1815. Faigh amach cad a bhí ar siúl sa bhaile agus i gcéin le linn na bliana sin.

> splanc thintrí
> léargas gasta
> ar Theampall Zenko

Is maith liom an haiku sin mar múineann sé rud éigin tábhachtach dúinn faoin rud is haiku ann. Is minic nach mbíonn againn ach seans beag amháin chun rud éigin a fheiceáil nó a chloisteáil agus ansin bíonn an radharc sin imithe, bíonn an nóiméad thart.

Má thosaíonn tú ar iarracht a dhéanamh breith ar an nóiméad, éireoidh sé níos éasca le himeacht ama. Ná téigh amach agus 'Caithfidh mé breith ar an nóiméad!' á rá agat leat féin. Ní mar sin a oibríonn sé. Beir ar an nóiméad gan iarracht rómhór a dhéanamh agus nuair a tharlaíonn sé bí buíoch. Chun an fhírinne a rá, tar éis tamaill ní tusa a bhéarfaidh ar an nóiméad – béarfaidh an nóiméad ortsa!

Tá cleas agamsa. Níl mé tar éis eolas a thabhairt d'aon duine faoin gcleas seo mar rún ba ea é – go dtí anois! Ach roinnfidh mé leatsa anois é. Ceart go leor? Aon uair a chloisimse préachán ag grágaíl tagann straois mhór orm. Bím ag gáire.

Tá an préachán ceaptha agam chun mé a choimeád i mo dhúiseacht. Má bhím ag brionglóideach, má bhím ag obair, ag scríobh, nó ag léamh, nó má bhím chomh díomhaoin le lúidín an phíobaire, má chloisimse an préachán, dúisím láithreach. Cén fáth an préachán? An chuimhne is faide siar i mo cheann ná préacháin ghlóracha a chloisteáil.

D'fhoghlaimíos an cleas sin ó fhile Seapánach, Ikkyu. Bhí seisean ag ligean a scíthe i mbád ar Loch Biwa agus an chéad rud eile, *Cáaá*! Dúisíodh as a thámhnéal é. Go raibh míle maith agat, a Ikkyu. Is uaitse a fuaireas cleas an phréacháin. Mar sin, nuair a chloisimse préachán, is geall le splanc thintrí é. Bíodh is gur éan dubh é, gealann sé an lá go mór dom.

Tharla sé don fhile Gerard Manley Hopkins uair amháin. Sa chás áirithe sin ní préachán a bhí ann ach smólach. Chomh fada le m'eolas níor tharla sé dó ach uair amháin, is é sin, ní raibh cleas an smólaigh aige ón lá sin amach:

Thrush's eggs look little low heavens, and thrush
Through the echoing timber does so rinse and wring
The ear, it strikes like lightning to hear him sing …

D'fhéadfása éan nó ainmhí éigin a roghnú duit féin, bó abair. Ainmhí nó éan a chloisfeá ó am go chéile. Má tá feirm chaorach in aice leat, ná roghnaigh caora nó bheifeá i do dhúiseacht ó mhaidin go hoíche. Cloisimse préacháin b'fhéidir ceithre nó cúig huaire sa lá. Is leor sin.

Ar aghaidh linn go dtí éan eile anois, an chailleach dhubh nó an broigheall. (Focal eile fós air is ea 'treathlach'.) Tá siad coitianta go maith sa tSeapáin. Tá siad coitianta in Éirinn chomh maith, cois cósta. Thart ar 500,000 broigheall atá in Iarthar na hEorpa trí chéile.

Traenálann iascairí na Seapáine an broigheall chun breith ar éisc. Bíonn fáinne timpeall a mhuiníl ar an mbroigheall ionas nach slogfaidh sé na héisc.

Samhlaigh Issa agus é ag féachaint ar obair na mbroigheall. An chéad rud eile, ritheann haiku leis:

> an broigheall is gile liomsa
> é siúd a thagann aníos
> is a ghob folamh!

Arís, feicimid Issa agus an grá mór a bhí aige do gach neach beo! B'fhéidir gur ró-óg a bhí an broigheall áirithe sin agus nach raibh a cheird foghlamtha i gceart aige. Nó a mhalairt – d'fhéadfadh gur róshean a bhí sé, an créatúr. Níl a fhios againn cén fáth ach theip ar an mbroigheall iasc a fháil dá mháistir. B'fhéidir nach raibh an t-ádh leis. B'fhéidir gur thum sé san uisce arís is arís eile agus gur tháinig sé aníos is a ghob folamh. Ní róshásta a bhí an t-iascaire leis, bí cinnte de. Ach is maith le hIssa é mar bhroigheall.

Tá ceacht ansin dúinn go léir. Cuimhnigh ar dhuine nach bhfuil chomh hoilte leat féin, abair. Nó cuimhnigh ar dhuine nach bhfuil go maith ag foghlaim nó ar dhuine atá lag ó thaobh cúrsaí spóirt de. Is cosúil leis na daoine sin an broigheall. Ach thaitin an broigheall le hIssa, mar sin féin. Fiú má bhí teipthe ar an mbroigheall i súile an iascaire, ní raibh teipthe air i súile Issa. Níl ann ach nach raibh an t-ádh leis agus bhí trua ag Issa dó dá bharr sin. Ní trua ar fad é, áfach. Is dócha go bhfuil greann ann chomh maith, greann sa teip. Ach greann deas lách atá ann murab ionann agus gáire cruálach a dhéanamh faoi theip éigin.

Seo haiku eile mar gheall ar na broighill. Tá na broighill ag éirí tuirseach ach níl an t-iascaire sásta éirí as agus dul abhaile. Tosaíonn sé ag tabhairt amach do na héin bhochta:

> tugtar amach dóibh
> is tumann na broighill thraochta
> athuair

An bhfaca tú riamh broigheall ar charraig agus a sciatháin á leathadh amach aige? Is mór an spórt é. An ndearna tú aithris ar bhroigheall riamh?

> páistí ag déanamh aithrise ar bhroighill –
> is iontaí
> ná na broighill féin iad

Bíonn ainmhithe agus éin agus feithidí ag teacht agus ag imeacht i gcónaí i saol Issa. Ní fhanann siad ach seal.

An raibh a fhios agat gur ainm cleite (nó *haigo*) is ea an t-ainm 'Issa'? Is é a chiallaíonn sé 'súilín i gcupán tae.' Abair an focal:

hai-go

Dhá shiolla. Ní mhaireann súilín rófhada i gcupán tae, an maireann? Agus sin an dearcadh a bhí ag Issa ar an saol. Ní mhaireann aon rud ach seal beag gearr; ní fada a mhaireann an lá; ní fada a mhaireann séasúr ar bith …

tús an earraigh –
gealbhain ag an ngeata …
a n-aghaidheanna beaga

Nach gleoite an pictiúr atá cruthaithe ag Issa ansin dúinn. Tá na gealbhain bheaga sin chomh beo inniu is a bhí siad nuair a chonaic Issa fadó iad. Aghaidh bheag an ghealbhain. Tá grá agus comhbhá le brath san íomhá sin, cinnte.

Féach nach ag cumadóireacht a bhíonn Issa. Tá an méid a bhfuil cur síos déanta aige air ag tarlú, anois, san aimsir láithreach. Ní ag féachaint siar ná ag féachaint roimhe atá sé. Ní ag samhlú ná ag cumadh scéalta atá sé. Ní i lár an gheimhridh ná i lár an tsamhraidh a chum sé an haiku sin ach sa séasúr a bhfuil cur síos déanta aige air: tús an earraigh.

Mar a dúirt Robert Spiess: 'I gcúrsaí haiku, bíonn an t-am céanna i gceist i gcónaí, *anois*; agus bíonn an áit chéanna i gceist i gcónaí, *anseo*.'

Bhí sneachta ann nuair a chum Issa an chéad cheann eile. Go deimhin, bhí cáil an tsneachta ar a bhaile beag Kashiwabara:

lá sneachta
is tá an teampall lán –
colúir, gealbhain

Feicimid Issa anois agus é buartha faoi ghealbhan beag:

> hóra, a ghealbhain,
> as an tslí
> tá capall ag teacht

Tá an haiku áirithe sin ar eolas ag gach páiste scoile sa tSeapáin. Nach deas mar a léiríonn Issa an gean atá aige ar an ngealbhan. Níor mhaith le hIssa go ndéanfaí dochar don ghealbhan ná d'aon neach beo.

An bhfuil aon Seapáinis agat? Tá, cinnte! Nach bhfuil naoi bhfocal agat ar a laghad. An féidir leat cuimhneamh orthu? Is ea – *haiku*, *Issa*, *kigo*, *hototogiso*, *kankodori* … Níl ansin ach cúig cinn. Cad faoin séú focal? Gaoth gheimhridh? *Kogarashi*. Sin é. Agus cad faoi na trí fhocal eile? Is ea – *haibun*, *kire-ji* agus *haigo*. Agus seo focal eile Seapáinise anois duit – *senryu*. Is é is *senryu* ann ná haiku éadrom ina bhfuil páirt níos mó ag an duine ann ná mar atá ag an dúlra. Chuirfeadh an *senryu* ag gáire thú!

> féar úr …
> fágann bean ghalánta
> lorg a tóna air

Tá sé sin greannmhar, ceart go leor. Bhí bean ghalánta éigin tar éis suí ar an talamh. D'fhág sí a rian ina diaidh ar an bhféar úr glas, bail ó Dhia uirthi. D'fhág sí *senryu* ina diaidh chomh maith! Trí shiolla, abair iad:

sen-ry-u

Tugann Issa gach rud faoi deara. Féach air seo mar ghrinneas:

> snáthaid mhór …
> na sléibhte i gcéin
> ina dhá súil

Feithid bheag is ea an tsnáthaid mhór. Más beag í féin is lú fós iad na súile ina ceann. Ach cad a fheiceann Issa iontu? Sléibhte! Sléibhte arda maorga i gcéin!

Dhá radharc atá againn anseo, dáiríre, an tsnáthaid mhór agus na sléibhte, ach fós féin is aon radharc amháin é. Is minic dhá rud éagsúla ag déanamh comhcheoil lena chéile i haiku, saol amháin ag teacht isteach i saol eile:

> sráidbhaile sléibhe –
> i m'anraith fiú –
> gealach an fhómhair

Feicfidh tú an ceangal sin idir dhá rud éagsúla sa haiku gleoite seo chomh maith:

> fia ag caoineadh –
> duilleoga dearga ag titim
> ina ndeora

Abair an haiku sin os ard agus abair faoi dhó é. Sin é an nós sa tSeapáin, é a rá faoi dhó.

Lá amháin chuaigh fia ar strae agus stop sé os comhair an bhotháin ina raibh cónaí ar Issa. Bhí eagla ar Issa go sciobfadh an fia a bhailiúchán haiku. (Is minic a sciobann ainmhithe agus éin – cat nó gabhar nó moncaí, abair, nó snag breac – is minic a sciobann siad stuif ó dhaoine.)

> ná himigh
> le mo chuid haiku!
> fia tagtha go dtí mo bhothán

Seo sciobaire eile:

> páiste beag
> ag iarraidh braon drúchta
> a sciobadh

Issa bocht, cailleadh a chuid páistí ar fad go hóg agus cailleadh é féin tamall sular rugadh iníon leis, an t-aon pháiste leis nár cailleadh. Cé go bhfaca sé a lán ina shaol a chuir díomá, fearg nó brón air, bhí creideamh láidir aige:

> bíodh muinín, muinín
> muinín agat – sin mar atá,
> titeann an drúcht

D'fhoghlaim mé nath Laidine nuair a bhíos óg, *laborare est orare*. Ciallaíonn sé sin gurb ionann do chuid oibre a dhéanamh ó lá go lá agus paidir a rá. Bhí an nath sin an-tábhachtach do na Beinidictigh. Is dóigh liom go raibh an dearcadh céanna ag Issa:

> a leitheid de lá!
> paidir is ea é
> an leite a chorraí

Má tá an obair tábhachtach, tá an spraoi tábhachtach chomh maith, nach bhfuil? Bhí an-ghrá ag Issa do pháistí:

> sneachta ag leá
> agus tá an sráidbhaile ag cur thar maoil
> le páistí

Ar shlí, páiste mór ba ea Issa!

> d'fhéadfainn é a ithe!
> an sneachta seo ag titim
> go mín, mín

> greamaíonn sé de gach rud
> ar nós ime –
> sneachta an earraigh

Cuireann drochaimsir isteach orainn go léir. Bímid gealgháireach nuair a bhíonn an ghrian ag scoilteadh na gcloch ach bíonn pus orainn nuair a bhíonn sé fliuch fuar:

> colúr sléibhe
> ag clamhsán –
> báisteach an gheimhridh

B'fhéidir gur istigh ina bhothán a bhí Issa nuair a chuala sé an colúr ag gearán. Ghoill cás an cholúir air láithreach.

Ní bhíonn teideal ar haiku. Níl aon ghá aige le teideal. Agus oireann litreacha beaga dó seachas litir mhór i dtús gach líne. Ní maith leis an haiku an iomarca airde a tharraingt air féin!

Féach nach bhfuil lánstad ag deireadh an haiku ach an oiread. Leanann an bháisteach ar aghaidh! Agus leanann an colúr dá chlamhsán. Cuireann lánstad

deireadh le rud. Ach leanann an haiku ar aghaidh. Dáinín gearr is ea é ach leanann sé ar aghaidh; fanann sé ar feadh i bhfad ionainn. Go deo, b'fhéidir.

Ní daoine amháin a dhéanann bulaíocht. Tráthnóna amháin bhí Issa ag féachaint ar scata géanna i ngort ríse. An chéad rud eile chonaic sé bulaíocht ar siúl!

> gonc á thabhairt
> don phréachán beag –
> géanna sa ghort ríse

Tugadh gonc don phréachán, is é sin le rá, cuireadh in iúl dó nach raibh fáilte roimhe sa ghort. B'fhéidir gur tugadh sonc dó chomh maith le gonc! Ar aon nós, tarlaíonn sé sin go minic. Cuirtear in iúl do dhuine éigin nach bhfuil fáilte roimhe, toisc é a bheith difriúil. Níor thaitin an obair sin le hIssa. Bhí an-trua aige don phréachán beag sin i measc na ngéanna móra a mhaslaigh é! Ní ar an bpréachán a bhí an locht nár ghé é.

Gach bliain, scríobhann daoine litreacha go dtí na nuachtáin nuair a chloiseann siad an chuach den chéad uair. Is maith linn an chéad rud, pé rud é féin: an chéad phlúirín sneachta, céadghairm na cuaiche, an chéad lá den earrach agus mar sin de:

> an chéad fhéileacán
> i mbliana
> is é ag pléascadh le fuinneamh

Haiku Issa, bíonn siad ag pléascadh le fuinneamh! Dá mbeadh siad níos faide b'fhéidir nach mbeadh an fuinneamh céanna iontu. Caithfidh Issa a theachtaireacht a chur in iúl i mbeagán focal. Bíonn blas ar an mbeagán, deirtear.

Is ina thrí líne a scríobhaimidne haiku. Sa tSeapáin, áfach, is in aon líne amháin an leathanach síos a scríobhtar iad.

Deirtear gur fad anála atá sa haiku. Dán in aon anáil amháin. Déan na siollaí sa haiku faoin gcéad fhéileacán a chomhaireamh. Sé shiolla dhéag, nach ea? Seacht siolla dhéag a bhíonn sa haiku Seapáinise beagnach i gcónaí agus é briste suas mar seo, 5-7-5. Comhair na siollaí Seapáinise thíos agus feicfidh tú gur seacht siolla dhéag atá ann. (Ní chloítear le 5-7-5 mórán lasmuigh den tSeapáin.)

níl aon fhonn air siúd
an sneachta a scuabadh ach oiread –
fear sneachta

furu yuki wo harau ki mo naki kagashi kana

Cúig shiolla: *fu-ru yu-ki wo*
Seacht siolla: *har-a-u ki mo na-ki*
Cúig shiolla: *ka-gash-i ka-na*

Deir Issa nach bhfuil fonn ar aon duine an sneachta a scuabadh agus ón gcuma atá ar an bhfear sneachta níl fonn air siúd é a scuabadh ach an oiread. Agus an ceart aige!

Níor úsáid Issa ach seacht siolla dhéag chun an méid sin a rá. Is fearr gan dul thar sheacht siolla dhéag más féidir. Comhair na siollaí sna haiku go léir atá sa leabhar seo. An bhfuil ceann nó dhó ann a chuaigh thar an seacht siolla dhéag? Cad is meánlíon na siollaí ann? Sin tionscadal breá duit má thaitníonn an mhatamaitic leat, na siollaí sna haiku go léir atá sa leabhar seo a chomhaireamh agus teacht ar an meán.

An bhfuil focal eile uait sa tSeapáinis? *Haijin*. Abair é:

hai-jin

Focal a bhfuil dhá shiolla ann. Cad is *haijin* ann? (Má bhí do dhá shúil ar oscailt agat, beidh a fhios agat gur thugas an focal seo cheana duit ach gur fhág mé ar lár é nuair a thug mé liosta na naoi bhfocal nua a bhí foghlamtha agat!) Is é is *haijin* ann ná file haiku, nó máistir haiku. Ainmnímis cúpla *haijin* mar sin: Issa, Buson, Chiyo-ni, Basho, Shiki, Santoka. Sin seisear duit. Is bean duine amháin acu sin. Cé acu, meas tú?

Chum Issa roinnt haiku brónacha chomh maith. Cuid acu chuirfeadh siad deora le do shúile:

> féachann sé siar ar a mháthair,
> an capaillín a díoladh –
> báisteach an fhómhair

Comhbhá leis an uile ní beo. Is iontach mar a chuireann an aimsir (an bháisteach) agus an séasúr (an fómhar) leis an haiku álainn sin.

Faighimid gach saghas aimsire sa haiku:

> nocht an bhó
> as an gceo
> mú mú mú aici

Is minic a chuirtear ceist orainn, 'Cad is brí leis sin?' Bhuel, cad is brí leis an haiku sin? B'fhéidir nach bhfuil aon bhrí leis. Agus cad is brí le 'Mú mú mú'? Creid é nó ná creid, is é is brí le 'mú' sa tSeapáinis ná 'faic'!

Seo haiku ón mbliain 1815:

> do ghort ríse
> mo ghort ríse-se
> an glas céanna

Cad is brí leis? Bain do bhrí féin as. Cuir ceist ar chara leat ansin cad is brí leis. D'fhéadfadh go mbeadh níos mó ná míniú amháin air.

An bhfuil aon rud níos measa ná báisteach fhuar an gheimhridh? Féachann Issa amach agus feiceann sé seilide amuigh faoin mbáisteach:

> bí istigh, a sheilide,
> is bí in aontíos liom …
> an chéad bhailc gheimhridh

Is é is bailc nó bailc fearthainne ann ná báisteach throm. Tugann Issa cuireadh don seilide teacht chun cónaithe leis. Nach aige a bhí an croí mór. Croí na bó, mar a dúramar cheana.

Cén fáth ar thaitin seilidí le hIssa? Ceist mhaith. Seans gur thaitin siad leis mar go raibh daoine feicthe aige sna cathracha – in Edo, Kyoto, Nagasaki, Osaka agus áiteanna eile – agus fuadar fúthu an t-am go léir, ag díol is ag ceannach, ag caint is ag caint is ag caint. Ní bhíonn fuadar riamh faoin seilide agus ní bhíonn gíog as riamh:

éiríonn an seilide
is téann a luí
gan mórán dua

Uair amháin tháinig sé i gcabhair ar chuileog ach, faraor, níor mhair an chuileog sin i bhfad:

an chuileog gheimhridh
a tharrthálas –
sciobtha ag an gcat

Samhlaímid moncaithe leis an Afraic agus leis an India ach tá siad sa tSeapáin chomh maith:

> moncaí ag marcaíocht
> ar dhroim a mháthar …
> oíche fhuar

Tabhair faoi deara cé chomh simplí is atá an teanga ansin. Níl aon fhocal casta ann, an bhfuil? Sin mar is fearr é. Is maith le scríbhneoirí áirithe carraigeacha móra focal a úsáid. Bheidís as áit sa haiku. Ag seasamh amach rómhór a bheidís. Moncaí ag marcaíocht ar dhroim a mháthar … oíche fhuar. An-simplí.

Pioc amach na haiku is deise leat sa leabhar seo agus déan rud éigin leo. D'fhéadfá cárta a dhéanamh, mar shampla, nó pictiúr le crochadh ar an mballa. Má chuardaíonn tú *haiga* ar an idirlíon, feicfidh tú gurb é is *haiga* ann ná haiku a mhaisítear. Tá stíleanna éagsúla *haiga* ann, ón stíl thraidisiúnta go dtí an stíl dhigiteach. Nach deas an pictiúr, nó an *haiga*, a dhéanfadh sé seo:

> babhdán an tsléibhe –
> gealach an fhómhair
> feadh a mhuinchille

Focal eile ar fhear bréige is ea babhdán. Gealach mhór sa spéir. Fear bréige ina sheasamh ansin leis féin. Solas na gealaí ar a mhuinchille. Tá draíocht ansin, nach bhfuil? Tá, agus ciúnas. Éist leis an gciúnas atá sa chéad haiku eile:

> báisteach earraigh
> ar dhuilleog an bhambú –
> luch á lí

Ní mhaireann an ciúnas i bhfad. Haiku glórach an chéad haiku eile:

> báisteach an earraigh –
> vác-vác na lachan
> nár maraíodh

Tá an bháisteach le cloisteáil agus tá na lachain le cloisteáil chomh maith is iad ag baint taitnimh as an mbáisteach. Níor maraíodh fós iad. Marófar agus íosfar amach anseo iad ach, go fóillín, éistimis lena vácarnach. Vác-vác!

Chonaic Issa lacha fhiáin uair amháin agus b'ionadh leis í a fheiceáil ansin léi féin cois locha mar bhí na lachain eile go léir bailithe leo:

> a lacha, a leadránaí!
> nach bhfuil bean
> agus clann ag feitheamh leat?

Issa ag labhairt leis na lachain! Is dócha gur mheas cuid de na comharsana go raibh sé ait. Uair eile tháinig sé abhaile agus bhí lacha ag féachaint air faoi mar a bheadh sí ag rá, 'Cé thusa, a bhuachaill, nó cad as ar tháinig tú, huth?'

> lacha sa chlós
> nuair a thagaim abhaile –
> cuireann sí na súile tríom!

Go minic ní bhíonn mórán in aon chor ag titim amach i haiku. Gaoth ag séideadh. Drúcht ag titim. Dá bhfanfadh Issa le go dtitfeadh eachtra mhór éigin amach ní bheadh mórán haiku scríofa in aon chor aige:

> dreoilín ag dul siar
> luch
> ag dul soir

B'fhéidir nach bhfuil mórán ag tarlú ansin, ach cá bhfios? Bíonn beatha éigin sa haiku i gcónaí fiú mura mbíonn mórán ag titim amach ann. Gluaiseacht. Beocht. Eitilt. Siúl. Bíonn rudaí ag tarlú ann i gcónaí. Is domhan mór beo é an domhan ina mairimid.

> dreoilín
> ag féachaint thall is abhus –
> ar chaill tú rud éigin?

Tá haiku eile aige a léiríonn an trua a bhí aige don éinín beag sin agus é amuigh faoin mbáisteach, an créatúr:

> dreoilín
> faoin díle bháistí
> ina líbín báite

Deirtear sa Ghaeilge, 'Is leor don dreoilín a nead.' I bhfocail eile, más beag féin í mar nead, oireann sí go breá don dreoilín. Ní bheadh sé ar a chompord dá mbeadh nead mhór aige. Tá an nead atá aige díreach i gceart. Is é an scéal céanna ag an haiku é: is leor trí líne dó; bheadh leathdhosaen líne iomarcach ar fad. Ní haiku a bheadh ann in aon chor ansin ach rud éigin eile, *tanka* nó *waka* nó rud éigin mar sin.

Tá tábhacht le rudaí neamhthábhachtacha. Sin an rud atá á rá ag Issa linn. Nó chun é a rá ar bhealach eile, níl aon rud neamhthábhachtach ann, tá a thábhacht féin ag baint le gach aon rud:

> suíonn sé síos
> de phlab –
> frog

Thaitin froganna go mór le hIssa, fiú má bhíodar crosta leis ar chúis éigin!

> ag breathnú orm
> agus grainc air –
> frog

Nuair a bhí Issa óg, cailleadh a mháthair. Ní raibh sé ach dhá bhliain d'aois. Ní go rómhaith a réitigh sé lena leasmháthair. Ocht mbliana d'aois a bhí sé nuair a tháinig sise chun cónaithe leo. Is iomaí tagairt atá aige do mháithreacha ina chuid haiku, an ceann faoin gcapaillín a chonaiceamar cheana féin, an ceann faoin moncaí beag agus an ceann seo, cuir i gcás:

> a bhéilín ar leathadh
> is é ag fanacht lena mhamaí –
> gearrcach faoin mbáisteach

Is iomaí rud a chuir Issa ag cuimhneamh ar a mhamaí féin:

> a Mhamaí!
> gach uair dá bhféachaim ar an muir
> is ea, gach aon uair

B'fhéidir gur maith an rud é go raibh a leasmháthair dian air agus gur thug sí léasadh go minic dó. Cén fáth a ndéarfainn é sin? Mar chun éalú uaithi d'aimsigh Issa comhluadar i measc na gcrann, i measc na mbláthanna, i measc na bhféileacán. 'Téigh go dtí an ghiúis,' a dúirt an máistir haiku Basho, 'téigh go dtí an bambú!' Agus sin an rud a dhein Issa. Cad a bhí á rá ag Basho nuair a dúirt sé, 'téigh go dtí an ghiúis'? Is é a bhí á rá aige ná dearmad a dhéanamh ar do chuid trioblóidí go léir, dearmad a dhéanamh ort féin, gan a bheith ag smaoineamh ort féin an t-am ar fad.

Bí sa ghiúis, bí sa bhambú ar feadh tamaill; bí i do ghiúis, bí i do bhambú. Nuair a tharlaíonn sé sin, ní bhíonn 'istigh' ná 'amuigh' ann níos mó:

> ó mo chroíse
> a thiteann
> sneachta Shinano

Daoine atá i ngrá, is minic a mhothaíonn siad mar sin. Ní bhíonn 'liomsa' ná 'leatsa', 'mise' ná 'tusa' ann níos mó: ní bhíonn ann ach aontacht. Feiceann Issa an sneachta ag titim taobh amuigh – in Shinano, seanchúige a bhfuil ainm nua inniu air – ach tá sé faoi mar a bheadh an sneachta ag titim taobh istigh ann féin chomh maith. Tarlaíonn sé sin d'an-chuid daoine, ach ní go rómhinic: leagtar an bharacáid a dhealaíonn an domhan amuigh ón domhan istigh.

Chum Issa go leor haiku mar gheall ar dhreancaidí!

> mo mhata codlata –
> áit a bhfágann an luch
> a cuid dreancaidí

Is é seo an haiku faoi dhreancaidí is deise liom féin:

> a leanaí, ná ciapaigí
> an dreancaid sin!
> tá clann uirthi

Smaoinigh air! Féachaimis anois ar phíosa próis de chuid Issa agus haiku mar chríoch leis:

Chuaigh mé ar oilithreacht go dtí teampall Tokaiji in Fuse. Bhí trua agam do na sicíní a bhí do mo leanúint agus cheannaíos glac ríse dóibh i dteach a bhí os comhair gheata an teampaill. Scaipeas an rís i measc na sailchuach is na gcaisearbhán. Is gearr go rabhadar ag troid eatarthu féin thall is abhus. Idir an dá linn, tháinig colúir agus gealbhain anuas ó na géaga agus d'alpadar an rís go ciúin. Nuair a tháinig na sicíní ar ais, d'eitil na héin leo go dtí na géaga arís, níos luaithe ná mar a theastaigh uathu, agus níl amhras orm ná gur theastaigh uathu go leanfadh an comórtas ciceála níos faide. Samúraithe, feirmeoirí, ceardaithe, ceannaithe agus an chuid eile acu, is díreach mar sin a mhaireann siad.

> rís á scaipeadh –
> peaca –
> na sicíní ag ciceáil a chéile

Mheas Issa go raibh rud maith á dhéanamh aige nuair a thug sé rís do na sicíní ach is amhlaidh a chuir sé ag troid iad agus peaca is ea troid, dar leis an mBúdaí. Ní ceart troid leat féin ná le haon duine eile.

Sin agat anois blaiseadh de haiku Issa. Sa chéad chuid eile den leabhar seo tá duanaire beag de haiku Issa agus iad leagtha amach in ord na séasúr. Cúig shéasúr a bhíonn ag an *haijin*, an file haiku: an t-earrach, an samhradh, an fómhar, an geimhreadh agus an bhliain nua. Léigh leat!

Cúig Shéasúr an Haiku

An tEarrach

séimhe an earraigh –
manach sléibhe ag gliúcaíocht
tríd an sceach

(Ní fios cathain a cumadh)

calóga sneachta
a leath di –
báisteach earraigh

(Ní fios cathain a cumadh)

brúnn leoithne earraigh
duine éigin
síos le fána

(Ní fios cathain a cumadh)

leac uaighe
clúdaithe go maith
ag ceobhrán earraigh

(Ní fios cathain a cumadh)

'Sáicí ar Díol'
comhartha ar an mballa …
báisteach earraigh

(1804)

is buíoch di
atá mo chrann giúise chomh maith –
báisteach earraigh

(1804)

trí bhraonta fearthainne
go fáilí faiteach –
féileacán earraigh

(1804)

an pus
ar an ulchabháinín! –
cróntráth earraigh

(1805)

an bóthar go Nara –
grágaíl an phréacháin
lá deireanach an earraigh

(1805)

báisteach earraigh –
lachain ag luipearnach
chun an gheata

(1805)

báisteach earraigh –
sliogán breallaigh í
gealach na maidine

(1805)

préachán bradach!
faoi chlóca
ceobhrán earraigh

(1805)

báisteach earraigh –
ar an mbóthar ársa
díoltóir picilí

(1806)

oíche dheireanach an earraigh
an t-ulchabhán
ag clamhsán

(1809)

cuma sa riach leo
faoi dheireadh an earraigh …
préacháin

(1809)

bhuel, bhuel …
caoga earrach faoi bhláth
feicthe anois agam

(1812)

a thóin á fuarú
ag leoithne earraigh –
tuíodóir

(1813)

lá fánaíochta
lá le haghaidh haiku –
báisteach earraigh

(1825)

An Samhradh

an teampall mór
féachann sé folamh –
crainn an tsamhraidh

(Ní fios cathain a cumadh)

crithloinnir bhrothaill –
gadhar sa tóir
ar luch fhéir

(Ní fios cathain a cumadh)

sléibhte an tsamhraidh
á ní ag éirí na gréine
ba dhóigh leat

(1800)

gearroíche shamhraidh
sánn eilit a soc
tríd an bhfál

(1803)

gearroíche shamhraidh
grágaíl na bhfroganna –
cacamas ceart

(1813)

cónaíonn nathair
san fhéar seo, deirtear …
brothall an tsamhraidh

(1818)

teas an tsamhraidh –
inniu, an lá ar fad,
scamaill ag spraoi

(1821)

an ghealach lán
gan smál ar bith –
lár an tsamhraidh

(1822)

gearroíche shamhraidh –
scléip na dturtar
sa ghort

(1825)

An Fómhar

ag breathnú ar an sliabh
ag breathnú ar an muir …
tráthnóna fómhair

(1790idí)

nuair a thagann sé isteach
nach fiáin é a dhamhsa …
gála an fhómhair

(1790idí)

an crann giúise a chuireas, fiú,
éiríonn sé sean!
cróntráth fómhair

(1803)

báisteach an fhómhair –
é ar mo nós féin
an seilide

(1804)

ag féachaint ar mo lámha rocacha
istoíche –
báisteach an fhómhair

(1804)

ar ghéag amháin
tóin thar ceann –
dathanna an fhómhair

(1805)

tugann gaoth an fhómhair
ar mo chúl
abhaile mé

(1806)

a sheilide
cén tslí bheatha atá agat?
cróntráth fómhair

(1808)

trína bhfuil fágtha
agam d'fhiacla
gaoth an fhómhair ag feadaíl

(1808)

níl tuiscint aige
don tráthnóna fómhair seo –
fear bréige

(1811)

mo lámha is mo chosa
chomh tanaí le tairní …
cróntráth fómhair

(1813)

tá siad ar ais
na dreancaidí a chaitheas amach …
báisteach an fhómhair

(1813)

gaoth an fhómhair
scáth an tsléibhe
ar crith

(1814)

An Geimhreadh

a luchóga
ná múnaigí
ar mo sheanchuilt gheimhridh

(Ní fios cathain a cumadh)

gealach gheimhridh –
beanna beanna
is tuilleadh beanna arda

(1794)

muisiriúin ag teacht le chéile
ar an stacán crainn –
báisteach gheimhridh

(1806)

gaoth an gheimhridh
an mhuc ag scigireacht
trína codladh

(1807)

an chéad bhailc gheimhridh –
líontar an domhan
le haiku

(1810)

crainn an gheimhridh
fuaim ársa
ón seansaol

(1811)

nuair a théann
an sicín bacach amach …
báisteach gheimhridh

(1814)

corrán gealaí
cuachta suas, fuacht
an gheimhridh ar ais

(1818)

An Bhliain Nua

Lá Caille
oilithreach beag gleoite
ag an ngeata

(Ní fios cathain a cumadh)

Sa bhliain 1794 bhí Issa i ndeisceart na Seapáine, i Nagasaki, agus bhí brionglóid aige faoina bhaile dúchais, Kashiwabara:

Lá Nollag Beag
thaispeáin brionglóid mo sheanbhaile dom
trí chaille dheor

Is cinnte nach raibh aon tuairim aige go dtitfeadh buama ar Nagasaki sa bhliain 1945, buama a mharódh breis agus 70,000 duine.

Lá Caille
is mé fós ar m'aistear –
dochreidte

(1795)

Lá Caille –
níl aon scéal nua
an bothán trína chéile

(1821)

55

Kigo, Eochracha na Séasúr

Sna haiku i gCuid a Dó, luaitear sna haiku féin an séasúr lena mbaineann siad. Go minic ní luaitear sa haiku féin cén séasúr lena mbaineann sé, ach tugtar leid dúinn. *Kigo* a thugtar ar an leid sin. Focal nó íomhá is ea *kigo* a bhaineann le séasúr ar leith. Tá foclóir speisialta *kigo* ann, nó liosta mór focal, ar a dtugtar an *saijiki*. Abair an focal:

sai-ji-ki

Féachaimis ar chuid de na *kigo* sin anois, ag tosú leis an earrach. Sneachta ag leá. Is *kigo* é sin a bhaineann leis an earrach, cinnte. An bhfuil tú in ann smaoineamh ar a thuilleadh acu? Plandaí agus síolta á gcur, gan dabht:

> lá báistí
> i m'aonar, go díograiseach,
> ag cur ríse
> *(Ní fios cathain a cumadh)*

Ba chuma cén saghas aimsire a bhí ann, bhí sé tábhachtach an rís a chur in am. Cén obair eile a shamhlaímid leis an earrach? Treabhadh, gan dabht. *Kigo* earraigh is ea treabhadh:

> an gort á threabhadh
> clocha sneachta
> ag monabhar go crosta
> *(1794)*

Bhí an saol dian go leor ar Issa, nach raibh? An bháisteach ag titim agus é ag cur ríse, clocha sneachta anuas air agus é ag treabhadh. Ach bhí laethanta maithe aige chomh maith. *Kigo* earraigh is ea an fháinleog:

> lá maith
> chun an gort ríse a threabhadh …
> tá na fáinleoga ar ais!
>
> *(1822)*

Thaitin fáinleoga go mór le hIssa. Thaitin a gcuid cainte leis:

> tá go leor
> le rá acu go léir –
> fáinleoga
>
> *(1824)*

Tá, cinnte – agus deir siad linn anois sos beag a ghlacadh agus a fháil amach cad a bhí ag titim amach sa saol sa bhliain 1824. A lán! Fógraíodh Simón Bolívar ina dheachtóir ar Pheiriú i mí Feabhra. I mí na Bealtaine rinneadh an chéad léiriú de *Shiansa Uimhir 9* le Beethoven i Vín agus an mhí chéanna rugadh an tArd-Easpag Thomas Croke a bhfuil Páirc an Chrócaigh ainmnithe ina onóir. I mí an Mhárta rugadh an file William Allingham. Seo an véarsa tosaigh as dán leis:

> Up the airy mountain,
> Down the rushy glen,
> We daren't go a-hunting
> For fear of little men;
> Wee folk, good folk,
> Trooping all together;
> Green jacket, red cap,
> And grey cock's feather!

D'fhoghlaim mé é sin ar scoil ach in áit 'grey cock's feather' is cuimhin liom 'white owl's feather'. Cé acu an leagan ceart, ní fheadar? Ar aon nós, dán deas is ea é ach is deise liomsa go mór haiku Issa ná é!

Cá rabhamar? (Tá fíríní beaga na gcaipíní dearga tar éis mearbhall a chur orm!) Ó is ea, le hIssa a bhíomar, ag éisteacht leis na fáinleoga.

Éan eile a thaitin le hIssa agus a sheasann don earrach is ea an fhuiseog:

> lilí faoi bhláth!
> is an fhuiseog
> ag canadh ar a dícheall
>
> *(1810)*

Cheapfá go raibh an fhuiseog ag canadh toisc go raibh na lilí faoi bhláth. B'fhéidir go raibh. Cá bhfios! Ní fuiseog tusa; níl a fhios agatsa cad a cheapann na fuiseoga.

> seo anuas í
> chun lóinín a ghlacadh …
> fuiseog
>
> *(1813)*

Is ea, caithfidh an fhuiseog ithe chomh maith le cách. Éan eile ar *kigo* earraigh é is ea an filiméala:

> nuair a théann an filiméala
> isteach sa ghiúis –
> guth na giúise
>
> *(1803)*

D'imigh an t-éan isteach sa chrann, d'imigh as radharc, ach lean sé air ag canadh. Cheapfá go raibh an crann ag canadh! Tarlaíonn sé sin go minic sa haiku, bíonn rud amháin ag rith isteach i rud eile.

Kigo eile fós a bhaineann leis an earrach is ea bláthanna silíní, an *kigo* is cáiliúla ar fad.

> cé gur folamh é
> mo mhála ríse –
> bláthanna silíní
>
> *(1805)*

Tá Issa bocht rite as rís. Ach níl sé ag gearán. Tá na bláthanna silíní ann. Ní féidir iad a ithe, ar ndóigh, ach tá siad chomh hálainn sin go ndéanann sé dearmad, tamall, ar an nganntanas ríse.

Sakura an tSeapáinis ar bhláthanna silíní. (D'fhan mé cúpla oíche in óstán beag i dTóiceo uair amháin agus Sakura ab ainm dó!) Abair an focal:

sa-ku-ra

Sa chéad haiku eile gabhann Issa leithscéal leis na bláthanna:

> a bhláthanna silíní
> maithigí dom
> mo phíopa!
>
> *(1816)*

Eagla a bhí air go dtruailleodh gal a phíopa na bláthanna áille bándearga.

San earrach tugaimid faoi deara nach bhfuil na hoícheanta chomh fada is a bhí:

> grágaíl na bhfroganna
> tá na hoícheanta
> ag dul i ngiorracht
> *(1807)*

Fágaimis an frog agus an t-earrach inár ndiaidh anois:

> as go brách leis
> agus é ag déanamh a mhúin –
> frog ag grágaíl
> *(1812)*

Ar aghaidh linn anois go dtí an samhradh. Cad iad na *kigo* samhraidh atá ann, meas tú? Teas, gan dabht. Allas.

I measc na n-ainmhithe a luaitear leis an samhradh tá an t-oisín:

> ná múin bhur gcleasa
> don oisín
> a phréachána glóracha!
> *(Ní fios cathain a cumadh)*

Ceapann Issa go bhfuil diabhlaíocht éigin ag baint leis na préacháin agus níor mhaith leis go bhfoghlaimeodh an t-oisín aon drochnósanna uathu.

Seo ceann eile faoin oisín:

cloiseann sí guthanna daoine
is cuireann a hoisín i bhfolach …
eilit

(1819)

Tá diabhlaíocht éigin ag baint linne chomh maith. Seans gur cheap máthair an oisín go mba shealgairí iad na daoine a chuala sí.

Samhlaítear an mhuiscít leis an samhradh chomh maith. An bhfaca tusa muiscít riamh? Ar chuala tú muiscít ag crónán? Tá súil agam nár bhain muiscít greim asat riamh!

oíche i ndiaidh oíche …
cráite ar fad acu –
dreancaidí, muiscítí

(1801)

Bíonn scáth uainn nuair a bhíonn aimsir the an tsamhraidh ann. Agus cuireann an teas céanna codladh orainn:

> scáth duilleogach –
> mealbhacán aige mar philiúr
> piscín
>
> *(Ní fios cathain a cumadh)*

Kigo samhraidh is ea an seilide. Lá breá gréine chonaic Issa seilide beag agus a scáth ag gluaiseacht go mall in aice leis!

> a sheilidín,
> féach! féach
> ar do scáth
>
> *(1814)*

Tá slí eile chun 'seilide' a rá – 'slimide'. Abair é! (Agus ná dearmad é …)

Anois, cad iad *kigo* an fhómhair? An dath ar na duilleoga ag athrú, gan dabht, agus na duilleoga ag titim ansin de réir a chéile.

> duilleoga rua
> á síobadh ina choinne …
> fear bréige
>
> *(1805)*

D'fhéadfá pictiúr gleoite a phéinteáil den radharc sin. Go deimhin, is beag haiku sa leabhar seo nach ábhar pictiúir é. Cad a thugtar ar phictiúr de haiku? *Haiga.*

Fanaimis leis na duilleoga go fóill. Seo haiku ón mbliain chéanna:

gort sléibhe –
poll na luiche
faoi dhuilleoga rua

(1805)

Samhlaigh gur tusa an luch. Conas a bhraithfeá dá mbeadh do theachín clúdaithe le duilleoga!

Féach, tá na duilleoga gach áit!

greamaithe
de thóin an oisín óig –
duilleoga rua

(1815)

Kigo fómhair is ea Bealach na Bó Finne mar gur feiceálaí san fhómhar é ná ag amanna eile – sa tSeapáin ar aon chuma. Ainmneacha eile sa Ghaeilge ar Bhealach na Bó Finne is ea Eireaball na Lárach Báine, nó an Láir Bhán nó Claí Mór na Réaltaí. Abhainn Neimhe *(ama no kawa)* a thugtar air sa tSeapáinis. Abair é:

a-ma no ka-wa

Muintir na Laitvia agus muintir na hEastóine tugann siad Conair na nÉan air agus sa Téalainn deirtear Bealach na hEilifinte Báine. Cé acu de na hainmneacha sin go léir is deise leatsa?

> an ceann sin léi féin
> sin í mo réaltasa …
> Bealach na Bó Finne
> *(1802)*

Scríobhtar haiku ní hamháin faoi rudaí a fheictear ach faoi rudaí a bholaítear nó a chloistear chomh maith. Toirneach, cuir i gcás. *Kigo* fómhair is ea toirneach:

> measctha
> leis an toirneach –
> glao an phiasúin
> *(1804)*

Sin sampla an-deas den rud a luamar thuas, is é sin rud amháin ag rith isteach i rud eile.

Cad is *mushi* ann, an bhfuil aon tuairim agat? Níl? Muise! Is feithidí iad na *mushi*! Feithidí a bhíonn ag canadh san fhómhar:

> i measc na bhfeithidí
> ní chloistear oiread is
> seanghuth amháin
> *(1817)*

Thug ceol na bhfeithidí an-phléisiúr d'Issa. Bhíodh sé ag éisteacht leo, fean páipéir ina lámh aige, agus é ag ligean air féin gur stiúrthóir ar chór guthanna binne a bhí ann!

> glaonn fia
> agus níl na feithidí ina gcodladh
> ach an oiread
>
> *(1820)*

Bhuail tú cheana leis an *kakashi*. Cé hé féin? An fear bréige. Gaige na ngort! An babhdán! *Kigo* fómhair é an *kakashi*. Is ea, léigh tú an chéad haiku eile cheana, ach ná bí buartha murar chuimhin leat é. Féachaimse ar gach haiku mar haiku nua, fiú má tá sé léite fiche uair cheana agam.

> níl tuiscint aige
> don tráthnóna fómhair seo –
> fear bréige
>
> *(1811)*

Is dócha gur chuir an fómhar uaigneas ar Issa. Chonaic sé fear bréige agus rith sé leis nach mothaíonn an fear bréige rud ar bith.

> titeann an oíche
> mise is an fear bréige
> díreach an bheirt againn
>
> *(1818)*

Scríobhadh an chéad cheann sa bhliain 1811 agus an dara ceann seacht mbliana níos déanaí. Arbh é an fear bréige céanna é? Sin í an cheist.

Kigo fómhair is ea an drúcht chomh maith:

> drúcht na maidine
> breis is mo dhóthain
> chun m'aghaidh a ní
>
> *(1820)*

Tugann filí haiku an-chuid faoi deara. Feiceann siad go bhfuil an chruinne ag cur thar maoil le bronntanais, bronntanais saor in aisce. Drúcht, mar shampla! Nó muisiriúin!

Bailítear muisiriúin san fhómhar. Sa chéad haiku eile fuair Issa cabhair éigin agus é ag lorg na muisiriún:

> ó bharr an chrainn
> díríonn moncaí méar
> ar na muisiriúin
>
> *(1819)*

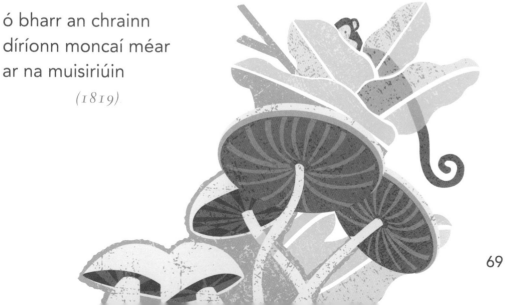

69

Bhí an torc coitianta in Éirinn fadó ach bhí sé imithe in éag faoin am ar scríobh Issa an chéad haiku eile. *Kigo* fómhair is ea an torc:

torc –
an chuma ort
gur anois díreach a dhúisigh tú
(*1806*)

Ach ar ndóigh, tá an torc ar ais in Éirinn arís. Speiceas eile a d'imigh agus a tháinig ar ais go hÉirinn is ea an cnagaire adhmaid ar *kigo* fómhair chomh maith é. Anois ní ar mhaithe le spórt a bhíonn an cnagaire ag déanamh drumadóireachta ach chun poll a dhéanamh i gcrann. Cuireann sé a theanga isteach sa pholl chun breith ar fheithidí. Bhuail Issa le cnagaire lá amháin agus féach cad a bhí ar siúl aige:

an cnagaire adhmaid
ag cnagadh ar an gcuaille –
cleachtadh!
(*1819*)

Éan eile a shamhlaítear leis an bhfómhar is ea an naoscach:

trá fhairsing –
d'éiríodar go luath le haghaidh bricfeasta
naoscacha
(*1825*)

Más *kigo* fómhair é dath na nduilleog ag athrú, *kigo* geimhridh is ea duilleoga ar an talamh:

> thug an ghaoth
> dóthain léi chun tine a lasadh …
> duilleoga tite
>
> *(1815)*

Kigo geimhridh eile is ea an fuacht, gan amhras. I gceantar sléibhtiúil Shinano, áit a raibh cónaí ar Issa, bhíodh sé fuar go leor sa gheimhreadh. Uaireanta bíonn Issa ag gearán faoi sin ach de ghnáth cuireann sé suas le gach rud:

> im bhothánsa
> oícheanta fuara, laethanta fuara …
> á bhuel
>
> *(Ní fios cathain a cumadh)*

Fíon ríse is ea sáicí. Deoch is ea é is féidir a théamh. Is minic a rith Issa as sáicí nuair a bhí gá aige le braoinín de a chuirfeadh an teas ar ais ina chorp:

> rite as sáicí
> sin é an saol …
> oíche fhuar
>
> *(1793)*

Má bhí sé fuar istigh bhí sé níos fuaire amuigh agus is minic a tháinig cuairteoirí isteach chuig an teach gan chuireadh:

> sleamhnaíonn
> an luch isteach go fáilí …
> oíche fhuar
>
> *(1811)*

Teas agus bia a bhí á lorg ag an luichín ach is minic a bhí fear an tí gann ar bhia, go háirithe sa gheimhreadh:

> nach bocht an dinnéar
> im dhearnasa é –
> flichshneachta
>
> *(1803)*

Bhí Issa 53 nuair a chum sé an chéad cheann eile agus caithfidh go raibh sé préachta ar fad leis an bhfuacht:

> braithim
> go bhfuil mo ghlúine níos sine –
> oíche fhuar sna sléibhte
>
> *(1815)*

Deirtear gur ar Stua Laighean i gCeatharlach a maraíodh an mac tíre deireanach in Éirinn. B'in sa bhliain 1786. Sa bhliain 1818 a chum Issa an chéad haiku eile:

cac an mhic tíre –
nach fuar é
an féar!

Is ea, chuirfeadh an radharc sin fuacht ort, ceart go leor. Má tá fuacht sa chéad radharc eile ní fuacht ar fad é:

fianna óga
ag lí a chéile …
maidin sheaca
(1819)

Tá séimhe éigin ansin, ainneoin an tseaca, nach bhfuil? Tá cinnte, i gcomparáid le scéal truamhéalach an chait a caitheadh amach:

oíche sheaca –
cat ag caoineadh
is ag scríobadh ar an bhfuinneog
(1823)

Samhlaigh an fhuaim ghéar sin, an scríobadh agus an caoineadh i dteannta a chéile! Fuaim gheimhriúil!

Kigo geimhridh eile anois. Cad é? An sneachta! Agus nach greannmhar an íomhá shneachtúil é seo:

> liathróid sneachta
> d'ith an capall
> í!
>
> *(1813)*

Cabhraíonn Issa linn chun breathnú ar an saol trí shúile eile. Feicimid an liathróid sneachta trí shúile an chapaill. Níl an capall chun an liathróid sneachta a chaitheamh mar a dhéanfadh páiste! Sa chéad haiku eile, b'fhéidir gurb é an rud atá á rá ag Issa nach gá féachaint ar gach rud trí shúile an duine, go bhfuil a shaol féin ag gach rud, neamhspleách ar an duine:

> drúcht glan
> na maidine
> níl aon ghá aige leis an saol seo …
>
> *(Ní fios cathain a cumadh)*

Buailimid le seanchairde Issa arís sa chéad haiku eile – na gealbhain. *Kigo* geimhridh is ea an gealbhan agus é fuar:

> cruinníonn na gealbhain
> is cuireann gáir mholta astu …
> Búda sneachta
>
> *(1815)*

Aon áit a mbíonn sneachta bíonn fir shneachta agus liathróidí sneachta. Sa haiku thall tá Búda sneachta déanta ag duine éigin, nó ag an bhfile féin, agus samhlaítear d'Issa go bhfuil na gealbhain ag moladh na hoibre. Búdaí ba ea Issa agus meas aige ar gach ní beo, an chuileog, fiú amháin:

> lá sneachta –
> anois is arís
> téann an chuileog amach ag spraoi
>
> *(1823)*

D'fhéadfá sciorradh thar haiku agus gan a bhfuil ann a fheiceáil i gceart in aon chor. D'fhéadfadh fuaim éigin dul isteach i gcluas amháin agus amach an chluas eile gan fhios duit. D'fhéadfá sciorradh thar radharc agus gan é a fheiceáil i gceart nó bualadh le duine agus gan tréithe an duine sin a thabhairt leat in aon chor. Nuair a fheiceann Issa an drúcht feiceann sé rud nach bhfeicimidne de ghnáth – feiceann sé an doimhneacht ann!

> bláthanna léana –
> i nduibheagán an drúchta
> clingeann an clog
>
> *(1822)*

Sin agat anois cur síos ar chuid de na *kigo* a bhíonn sna haiku. Eochracha na séasúr iad, gan dabht.

Mise agus mo chuid Haiku

> bláthanna i vása –
> siúlann cat
> trí gharraí lom

Nuair a iarrtar orm míniú a thabhairt ar haiku éigin is é a deirimse de ghnáth nach bhfuil aon mhíniú agam air. Ní mise a chruthaigh an radharc sin thuas. Tharla sé. Sin uile. Bhí rogha agam: gan bacadh leis, gan aon aird a thabhairt air, é a dhearmad – nó haiku a chumadh. Chumas haiku.

Is dócha go bhfuil breis is tríocha bliain ann ó chumas an haiku sin. Is fada feoite iad na bláthanna céanna agus tá an cat bocht marbh leis na blianta chomh maith. Ach is úr iad na bláthanna i gcónaí, sa haiku sin, agus tá an cat ag siúl sa gharraí lom mar a shiúil an lá úd fadó. Tarlaíonn an haiku san aimsir láithreach – anois – ach tá cuid éigin den lá inné agus den lá amárach sa lá inniu chomh maith.

Bíonn míniú uainn ar gach aon rud, nach mbíonn? Bíonn an cheist CAD IS BRÍ LEIS SIN? i mbarr an ghoib againn i gcónaí. Ní mar sin a bhíonn sé gach áit ar domhan, áfach. Mar shampla, an file mór Cóiréach, Ko Un, bhí sé an-chliste ar fad. Mheas sé go raibh gach aon rud ar eolas aige! Ní raibh, ar ndóigh. *Mú*! arsa a mháistir leis. Is é is brí le *Mú* ná Folús, nó Faic nó Dada, mar a luamar cheana, más cuimhin leat! 'Bí ag smaoineamh air sin anois,' arsa a mháistir. 'Rólán atá do cheann. Cabhróidh *Mú* leat chun a bheith folamh thuas staighre.' Agus chabhraigh. Go mór. Scríobh sé breis agus 150 leabhar. Tá sé fós ag scríobh. Mar san fholús sin bhí saoirse aige, bhí spás síoraí chun a chuid sciathán a leathadh agus eitilt leis i dtreonna difriúla.

Bíonn folús sa haiku chomh maith. Níl sé dúnta isteach i mbosca: níl lánstad ag an deireadh. Tá folús ann agus caithfidh an léitheoir an folús sin a líonadh.

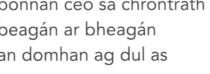

Uaireanta deirimse le daoine a thaispeánann haiku dom: tá sé rólán, tá an iomarca curtha isteach agat ann!

Siúlann cat trí gharraí *lom*. Tá saoirse ag an gcat. Ní bheadh saoirse aige dá mbeadh constaicí sa tslí air – bláthanna, carraigeacha, fiailí agus mar sin de. Is ea, tá rud éigin lom faoin haiku. Inis lom na fírinne, a deirtear, nó inis an fhírinne lom.

Ní bhíonn mórán ornáidíochta in aon chor ag teastáil ón haiku. Rud lom simplí is ea é. Thaitin an loime sin liom nuair a léigh mé haiku i dtosach. Leabhair le Sasanach a bhí ag obair sa tSeapáin, fear darbh ainm R. H. Blyth, a chuir ar bhóthar an haiku mé. Seo rud a dúirt Blyth:

> The sun shines, snow falls, mountains rise and valleys sink,
> night deepens and pales into day, but it is only very seldom
> that we attend to such things … When we are grasping the
> inexpressible meaning of these things, this is life, this is living.
> To do this twenty-four hours a day is the Way of Haiku.
> It is having life more abundantly.

Bhí fear a mhair sa Ghréig fadó, Heraclitus ab ainm dó agus dúirt sé go raibh muintir an domhain go léir ina gcodladh! Ní ina chodladh a bhíonn an té a chumann haiku, áfach; ní gan fhios dó a bhíonn nithe ag titim amach. Cuidíonn an haiku leis aird a thabhairt ar na nithe atá timpeall air.

> bonnán ceo sa chróntráth
> beagán ar bheagán
> an domhan ag dul as

Baineann haiku le rudaí a fheictear, a chloistear, a mhothaítear is a bholaítear. Bíonn an domhan á nochtadh féin i haiku nó uaireanta is ag dul i bhfolach a bhíonn sé.

An áit a bhfuil cónaí ormsa, Gleann na gCaorach, níl sé rófhada ó Dhún Laoghaire agus nuair a bhíodh ceo ann chloisteá an bonnán. Sa haiku ar leathanach 79 imíonn an domhan as radharc diaidh ar ndiaidh. Déanann gach aon haiku tagairt go díreach nó go hindíreach do neamhbhuaine an tsaoil, an ceann sin san áireamh. Ní mhaireann aon rud ach seal. Más ceoch anois é beidh sé geal arís ar ball. An bonnán sin cuireadh deireadh leis. Ní chloisfear go deo arís é.

> caicíní caorach
> ocht … deich … dosaen
> ar fad mar a chéile

Cad is féidir a rá faoi sin? Nach bhfuil aon rud níos tábhachtaí ná a chéile sa haiku. Níl an eala níos tábhachtaí ná níos áille ná an préachán, cuir i gcás, níl sliabh níos tábhachtaí ná caicín caorach. Agus fiú má tá na caicíní caorach ar fad mar a chéile, ní lúide sin mo mheas orthu.

Tá an haiku an-daonlathach. Níl an rós níos áille ná an caisearbhán, cuir i gcás. An té a chumann haiku, ní bhíonn sé ag smaoineamh mórán, ní gá dó a aigne a dhéanamh suas, ní gá dó ach a bheith oscailte. Nuair a sheasann sé siar, tugann sé spás ansin do na mílte rudaí! Agus tá an meas céanna aige ar gach aon rud. Taispeánann daoine haiku dom agus uaireanta bíonn siad róchliste mar haiku. Feicim go raibh a n-inchinn ag obair, a deirim leo. *Mú!* Glan an inchinn! Tá gá leis an inchinn chun scata rudaí a dhéanamh ach níl aon ghá ag an haiku léi. Uaireanta eile taispeánann daoine haiku dom agus bíonn cur síos orthu féin iontu. Is é a deirimise leo ná seo: 'Níl tusa uainn sa haiku, ach seilide, nó frog, nó éan, nó crann, nó grian, nó gealach!' Bíonn spórt agam leo. Uaireanta bíonn siad ag iarraidh haiku a scríobh atá cosúil le cárta poist, an ghrian ag dul faoi agus mar sin de. Meabhraím dóibh nach áilleacht atá uainn sa haiku ach beocht.

Cé acu is deise leat, francach nó uan? Ní dhéanann an cumadóir haiku rogha eatarthu. An rud atá os a chomhair tá sé os a chomhair agus sin sin.

Sin rud amháin is féidir a fhoghlaim agus cosán an haiku á shiúl agat (agus rud an-luachmhar is ea é): meas a bheith agat ar rudaí gan tábhacht, ar rudaí a scuabtar faoin gcairpéad! Gan idirdhealú a dhéanamh ar rudaí an t-am ar fad, gan breith a dhéanamh ar rudaí an t-am ar fad. Ná déan breith agus ní dhéanfar breith ort.

An cuimhin leat (i gCuid a hAon den leabhar seo) an broigheall a thaitin le hIssa? An broigheall nár rug ar iasc ar bith! Bíonn béim rómhór ar an mbua sa saol seo ina mairimid. Cé a bhuafaidh an cluiche? Cé a bhuafaidh an cogadh? Cé a bhuafaidh an rás? Cé a bhuafaidh an toghchán? Bua, bua, bua! Ní féidir do gach aon duine buachan. (Is féidir, dáiríre, ach ní nuair atá siad in iomaíocht lena chéile.) Múineann haiku comhbhá dúinn, comhbhá leis an uile ní, bíodh sé ina bhuaiteoir nó ina chailliúnaí, is cuma.

Caicíní caorach! Sa domhan 'forbartha' féachtar ar chac mar shalachar. Ach tá tíortha ann ina n-úsáidtear cac mar bhreosla. Buarán a thugtar air. Agus tá sean-nath sa Ghaeilge againn chun cur síos ar rud atá foirfe, nó déanta go hálainn – 'faoi mar a chacfadh an t-asal é'! Sin agat anois é!

> snag breac
> ólann lán a ghoib
> dá íomhá féin

An bhfaca sé é féin san uisce? Is dócha go bhfaca. Ar shlog sé a íomhá féin? Bhuel, má shlog bhí an íomhá fós san uisce, nach raibh? Bhí, go dtí gur eitil an snag breac leis arís. Cad a tharla dá íomhá ansin?

Bíonn an duine an-tógtha lena íomhá féin, nach mbíonn? Caitheann daoine an-chuid airgid chun feabhas a chur ar a n-aghaidh, a gcorp nó ar a gcuid gruaige. Ach ní hionann tusa agus d'aghaidh ná do chorp ná do chuid gruaige. Athróidh na rudaí sin; ach tá cuid díot nach dtiocfaidh athrú ná aois go deo air. Is tábhachtaí i bhfad Éireann an chuid sin díot ná an chuma atá ort ón taobh amuigh. Agus is í an chuid sin díot atá ábalta an áilleacht atá sa haiku a fheiceáil.

> Oileán Acla
> na roilligh
> ag stánadh ar chuairteoirí

Bíonn turasóirí fiosrach de ghnáth agus iad ag stánadh ar gach rud. Sa haiku seo, áfach, is iad na roilligh atá ag stánadh ar ais ar na cuairteoirí. Tá an méid seo ag an Duinníneach (foclóirí) mar gheall ar an *roilleach*. Is cuid de bhéaloideas Mhaigh Eo é:

The oyster-catcher or sea-pie, a bird that haunts the shore, has red bill and legs and has its coat variegated like the magpie; the *roilleach* was web-footed originally as the *faoileán* [seagull] is now; the *faoileán* asked for the loan of the *roilleach's* swimming gear and refusing to return the web-feet has worn them ever since; *iasacht an tsnáimh thug an roilleach don fhaoileán an iasacht nach bhfuaireas ariamh ar ais is nach bhfaighidh go deo*, the loan of the swimming gear which the sea-pie gave the seagull, a loan that never has been and never will be paid …'

Éan eile a bhfuil an-chuid béaloidis mar gheall air is ea an spideog, nó spideog Mhuire:

> maidin sheaca
> nochtann spideog a brollach
> don saol mór

An mhaidin áirithe sin bhí an domhan faoi bhrat seaca agus sheas brollach dearg na spideoige amach. B'fhéidir nach bhfeicfeá chomh soiléir céanna í ar laethanta eile. An snag breac, an roilleach, an spideog. Is maith liom gach saghas éin. Éan eile fós, an smólach, atá sa cheann seo:

> smólach
> ar an bhfaiche
> cigire nóiníní

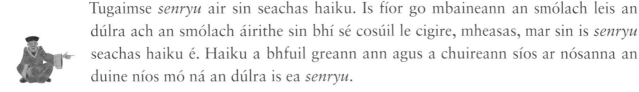

Tugaimse *senryu* air sin seachas haiku. Is fíor go mbaineann an smólach leis an dúlra ach an smólach áirithe sin bhí sé cosúil le cigire, mheasas, mar sin is *senryu* seachas haiku é. Haiku a bhfuil greann ann agus a chuireann síos ar nósanna an duine níos mó ná an dúlra is ea *senryu*.

nach uasal é
an capall ar an mbonn
nach airgead níos mó é

Is gnách go mbaineann haiku leis an dúlra – le hainmhithe, feithidí, plandaí agus éin – ach sa haiku thuas mhol mé capall ar bhonn airgid nach bhfuil in úsáid a thuilleadh. Bíodh is nach féidir leas a bhaint as, is uaisle ná riamh é! Ní raibh an bonn a luaimse sa haiku i gcúrsaíocht a thuilleadh, mar sin thug sé sin deis dom chun taitneamh a bhaint as áilleacht an chapaill gan smaoineamh ar luach an bhoinn in aon chor nó cad a cheannóinn leis.

Cén bhaint a bhí ag an bhfile William Butler Yeats leis an gcapall a bhí ar an mbonn? Sin tionscadal deas duit anois, eolas a bhailiú mar gheall ar bhoinn na hÉireann. Bhí cearc agus a hál ar cheann de na boinn agus bradán agus tarbh, cú, giorria, dreoilín agus go leor eile ach ní raibh torbán ar aon cheann acu:

i m'aonar anocht
leis na torbáin –
leis an gcruinne

Bhí linn bheag againn sa ghairdín agus ba mhinic torbáin inti. Duine a scríobhann haiku is gnách go gcaitheann sé roinnt mhaith ama le péisteanna, le ciaróga, le torbáin is le rudaí beaga eile mar sin. Shiúil mé amach oíche amháin chun comhluadar a dhéanamh leis na torbáin. Bhíos liom féin, mé féin agus na torbáin … agus bhí an oíche an-fhairsing, bhí an chruinne go léir ann, mheas mé. Is minic an téama sin, go nádúrtha, sa haiku: an talamh is an spéir, an t-am agus an tsíoraíocht.

Bhí na torbáin ann go líonmhar agus os mo chionn in airde bhí réaltaí go líonmhar ann. Níor luaigh mé na réaltaí. Ní féidir gach rud a lua sa haiku. Tar éis an tsaoil, níl againn ach trí líne. Mar sin féin, is féidir go leor a rá laistigh de na trí líne sin. Mar a dúirt Robert Spiess a bhí ina eagarthóir ar an iris *Modern Haiku*, tá an haiku mar a bheadh iasc beag ann, iasc beag a shlogfadh iasc mór go héasca!

Chum mé go leor haiku faoi na torbáin (i ngan fhios dóibh). Phéinteáil mé haiku mar gheall orthu ar bhalla an ghairdín:

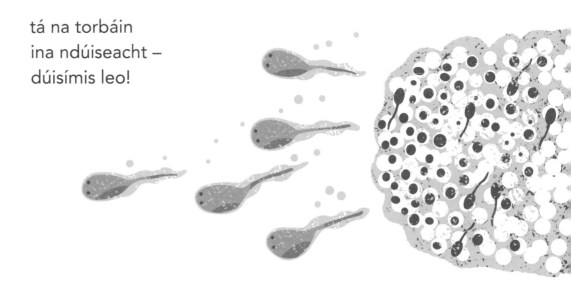

tá na torbáin
ina ndúiseacht –
dúisímis leo!

Bhí an haiku sin mar nath sa teach againn. Má mheasamar gur fhan na páistí rófhada sa leaba agus go raibh sé in am acu éirí, ba nós liomsa cnagadh ar an doras agus a rá os ard, 'Tá na torbáin ina ndúiseacht!'

Téama coitianta sa haiku is ea an t-athrú agus, mar is eol dúinn, athraíonn an torbán ina fhrog:

> froigín! cérbh í do mháthair
> nó cá bhfuil sí anois?
> tráthnóna fómhair

Is ea, bhí gairdín lán froganna againn. Cuid acu spraíúil go maith, cuid acu uaigneach. Má cheapann tú go bhfuil siad go léir cosúil lena chéile, féach arís.

An cuimhin leat cad is *senryu* ann? Is cuimhin, cinnte, ní fada ó luamar é. Is é is *senryu* ann ná haiku ina bhfuil páirt níos mó ag an duine ná ag an dúlra ann. Seo thíos *senryu* a chumas agus mé ag siúl thar Dhroichead na Leathphingine i mBaile Átha Cliath:

> i ngloiní dú' an daill
> dul faoi
> na gréine

Ní bhíonn mórán ama agat chun haiku a scríobh. Cad a bhí agam, soicind nó dhó? B'in an méid. Soicind nó dhó eile agus bheadh an ghrian imithe faoi, ní bheadh sí le feiceáil in aon chor i ngloiní an daill agus ní bheadh an haiku ann, ní bheadh móimint an haiku ann.

Focal nua anois duit, *rensaku*. Is é is *rensaku* ann ná scata haiku a scríobhadh san áit chéanna, timpeall an ama chéanna. Abair é:

ren-sa-ku

Seo cúpla haiku, mar sin, as *rensaku* a scríobhas agus mé san India:

> corp sa Ghainséis
> préachán
> ag marcaíocht air

Duine a raibh a mhuintir róbhocht chun íoc as sochraid cheart nó as créamadh, is dócha. Caitheadh a chorp isteach sa Ghainséis, abhainn bheannaithe na hIndia. Ar nós an ghrianghrafadóra a ghlacann an grianghraf nuair is dóigh leis go bhfuil an mhóimint cheart aige, ní chuireann an file haiku am amú ag smaoineamh air seo, siúd is uile. Nuair a chonaic mise an préachán agus 'síob' á fháil aige ón gcorpán, bhí a fhios agam go raibh haiku neamhchoitianta agam, radharc nach bhfeicfinn in Éirinn.

Sa radharc simplí sin tá an téama mór a luamar: am agus síoraíocht. Ar shlí níl aon difríocht eatarthu. *Die Zeit ist Ewigkeit, Ewigkeit ist Zeit*, a dúirt Angelus Silesius, file Gearmánach, fadó:

> Is síoraíocht am, is am síoraíocht
> Don té nach bhfeiceann aon difríocht.

Tá an corp á scuabadh chun siúil ag an abhainn mhór: gluaiseacht. Tá an préachán suite ar an gcorp: stad. Nóiméad beannaithe. Abhainn bheannaithe, abhainn na beatha, abhainn an bháis. Ní gá go smaoineofá ar na nithe sin go léir agus haiku á scríobh agat. Ní fhéadfá haiku a scríobh dá mbeadh an iomarca smaointe mar sin agat.

Ní haiku ach *senryu* an chéad dáinín eile. I Mumbai (Bombay) a tharla an eachtra agus gan aon rian den dúlra thart orainn:

Mumbai
ceirteacha ar an gcosán
corraíonn colainn iontu

Scríobh mé leabhar taistil dar teideal *Ólann mo Mhiúil as an nGainséis* agus tá teideal an leabhair bunaithe ar an haiku seo a leanas:

an ghrian os cionn na Himiléithe
ólann mo mhiúil
as an nGainséis

Is beag nár caitheadh den mhiúil mé nuair a chrom sí síos go tobann chun deoch uisce a ól, mise faoi dhraíocht ag an ngrian os cionn na mbeann.

Lá eile cad a chonaic mé ach seangáin ina mílte. Ní fhaca riamh an oiread sin seangán i mo shaol. D'fhan mé ansin ag féachaint ar mhórshiúl na seangán go dtí an seangán deireanach:

> seangáin   seangáin   seangáin
> seangáinseangáinseangáin
> seangán

An chéad haiku sa leabhar taistil a scríobh mé ná an ceann seo:

> tús aistir –
> ní heol do na scamaill
> fad an chúrsa

Is breá le filí haiku a bheith ag breathnú ar scamaill. Bíonn scamaill ag seoladh leo trasna na spéire agus níl a fhios ag aon duine ó bheith ag féachaint orthu cén áit inar thosaigh siad a n-aistear nó cén áit ina gcríochnóidh siad é.

Ba san India a chonaic mé an phearóid ghlas den chéad uair. Radharc álainn ar fad an chéad rud ar maidin:

> céadsolas na maidine
> sceitimíní
> ar phearóidí glasa

Haiku amháin eile ón India:

> banana lofa
> caite ar charn bruscair –
> alpann miúil é

I mí Aibreáin sa bhliain 2003 bhí mé i dtuaisceart na Catalóine, sna Piréiní, agus scríobh mé *rensaku* ann. Seo cúpla haiku as an *rensaku* sin:

> áit éigin sa cheo
> an cloigín timpeall
> mhuineál an chapaill

Cuireann siad cloigíní ar na capaill sa dúiche sin. Cuirtear cloigíní ar na ba in áiteanna eile. Ar aon nós, bhí ceo trom ann. Ní fhéadfainn faic a fheiceáil. Faic na ngrást. Ach bhí an cloigín le cloisteáil agam anois is arís, aon uair a bhogfadh an capall.

> cuach!
> le gach glaoch
> leánn an sneachta

Mí Aibreáin. An sneachta ag leá. An chuach ag glaoch. Ní raibh aon cheangal idir an dá rud, dáiríre, ach ar feadh soicind bhí ceangal eatarthu. Nuair a cheanglaítear dhá rud éagsúla i haiku, rudaí nach gceanglaítear de ghnáth, tugtar *toriawase* air sin. Abair é:

to-ri-a-wa-se

Is mór an gealadh croí dom é nuair a fheicim an domhan mar shlabhra dobhriste. Tugann sé dóchas dom go dtuigfidh daoine lá breá éigin gur féidir deireadh a chur le heasaontas agus le cogaíocht, gur den aon dream amháin gach duine ar domhan.

Bhí scata againn tagtha go dtí an ceantar sin, Farrera de Pallars, chun úrscéal do dhéagóirí a scríobh. D'fhoilsigh an Gúm é sa bhliain 2005. *Anna agus Niko* an teideal atá air, comhscríofa ag Éireannach, Breatnach, Catalónach, Fionlannach agus Seiceach. Tá cur síos breá san úrscéal sin ar sheanduine a raibh cónaí air sa cheantar agus tá tagairt anseo agamsa dó:

> am bia –
> an seanóir ag canadh
> do na coiníní

Bhí sé an-aisteach. Bhí coiníní ag an bhfear sin agus nuair a bhí sé in am iad a bheathú, thosaíodh sé ag canadh dóibh. (Thuas ansin sna sléibhte, chloisfeá gach aon rud go soiléir.) Is cosúil gur thaitin amhráin leis na coiníní. Bhí a chanúint féin ag an seanfhear sin agus nuair a cailleadh é cúpla bliain ó shin, ní raibh aon duine fágtha a labhair an chanúint áirithe sin.

Is sa Bhreatain Bheag a bhíos i mí na Nollag, 2004, i gceantar Caernarfon i dtuaisceart na Breataine Bige. Aimsir ghaofar, fuacht feanntach:

> an bhliain ar an leac uaighe
> níos tréigthe
> t'réis ghaoth an lae inniu

Nuair nach raibh an ghaoth ag séideadh bhí an-chuid ceo ann:

> as an gceo
> tuilleadh ceo
> ag éirí

Ní fhaca mé riamh an oiread sin ceo!

> caoirigh sléibhe
> faoin gceo
> ag cogaint na cruinne

Uaireanta ní chífeá na caoirigh in aon chor ach chloisfeá ag ithe iad.

Ó thuaidh linn anois go dtí Garbhchríocha na hAlban agus *rensaku* a scríobh mé ann i mí Mheán Fómhair 2007.

préachán ar choca féir
ag breathnú uaidh
ar an bhfómhar

Ní minic a fheicim préachán ar choca féir. Ní minic a fheicim cocaí féir a thuilleadh, chun na fírinne a rá. Is breá an rud é coca féir. Tá boladh suimiúil uaidh. Ar ndóigh, ceapann srón an fhile haiku go bhfuil gach boladh suimiúil.

raithneach …
fraoch
is gan Críostaí beo sa choill

Is beag áit ar domhan atá chomh hálainn le Garbhchríocha na hAlban ach tá uaigneas ag baint leis an gceantar chomh maith. Ar chuala tú faoi Bhánú na nGarbhchríoch nó 'Fuadach nan Gàidheal' mar a deir Gaeil Alban? Is scéal an-bhrónach é. Caitheadh na Gaeil amach agus cuireadh caoirigh ina n-áit. Bhí a fhios ag Coinneach Odhar, fear a raibh fios fáistine aige, go raibh sé sin chun tarlú. 'Mo thrua ort, a thír,' a dúirt sé, 'tá an chaora mhór ag teacht.'

sliabh lom
gan giorria
fiú amháin

Ainm áite is ea Ulapul. Féach an bhfuil tú in ann é a aimsiú ar léarscáil.

> Ulapul: faoileán aonair
> níl gíoscán
> as na báid

An chéad *rensaku* eile, cumadh i Maracó é i mí na Bealtaine, 2009. Tá tionchar i gcónaí ag cultúr na Fraince ar Mharacó agus sin an fáth a n-itheann siad seilidí ann, is dócha!

> seilidí ina gcuid anraith
> agus fáinleoga
> ag damhsa san fhirmimint

Is minic an talamh agus an spéir ag teacht le chéile sa haiku, mar a dúramar: na seilidí bochta sáite i mbabhla, saoirse na bhfáinleog sa spéir.

busáras –
níl an seandíoltóir péitseog
ag dul aon áit

Gluaiseacht agus stad, stad agus gluaiseacht, sin é saol an haiku: gníomhaíocht agus scíth, scíth agus gníomhaíocht. Ag díol péitseog a bhí an seanduine. Is air sin a mhair sé. B'in an paiste talún ar an saol aige. Bheadh sé sa stáisiún bus arís an lá ina dhiaidh sin, agus an lá ina dhiaidh sin arís, fad is a mhair na péitseoga. Cad a dhéanann sé nuair a thagann deireadh le séasúr na bpéitseog? Níl a fhios agam. Rud éigin eile a dhíol? Is dócha é. Ní raibh am agam fiafraí de. Bhí an bus ag fágáil Marrakech agus bhíomarna ag dul go cathair ghaofar Essaouira. Féach an bhfuil tú in ann Essaouira a aimsiú ar an léarscáil.

faoileáin airgid
ag tumadh go ciúin
i bhfarraige airgeadúil

95

Táimid ag deireadh ár n-aistir, beagnach. *Rensaku* amháin eile, mí na Bealtaine, 2010, san Éigipt:

Gleann na Ríthe
buidéil phlaisteacha a mhairfidh
míle bliain

Is mór an trua an méid sin bruscair a fheiceáil in áit chomh stairiúil le Gleann na Ríthe.

fear bréige
i ngort –
seargán beo!

Bhí a dhá lámh sínte amach ag an bhfear bréige agus mheasas gur seargán a bhí chugam!

Haiku amháin fágtha. Seo é:

An Níl um thráthnóna
ciúnas na gcrogall
nach bhfuil ann níos mó